MW01688717

El orden de Dios para la familia

El orden de Dios para la familia

Larry Christenson y
Howard G. Hendricks

EDITORIAL BETANIA

Versión castellana:
Angel Carrodeguas

9200 S. Dadeland Blvd., Suite 209, Miami, FL 33156, E.U.A.

Publicado originalmente en inglés con los títulos de WHICH WAY THE FAMILY? y FAMILIES GO BETTER WITH LOVE

Publicado respectivamente por las publicadoras arriba mencioinadas.

Este libro fue publicado originalmente en español en dos volúmenes con los títulos de *¿Hacia dónde va la familia?* y *Las familias conviven mejor con amor.*

ISBN 0–88113–242–X

INDICE

SECCION I
por Larry Christenson

SECCION II
por Howard G. Hendricks

SECCION I

por Larry Christenson

INTRODUCCION

Hace ya varios años que tengo el privilegio de hablar con miles de parejas que anhelan, a veces casi con desesperación, una vida de familia más plena. Hay madres que relatan con lágrimas en los ojos las mentiras y los engaños que han salido a la luz en relación con una hija adolescente, o la rebeldía de un hijo que aparentemente rechaza todo tipo de autoridad por parte de los adultos. Hay padres que mueven la cabeza asombrados ante la hija amorosa que de la noche a la mañana descarta su inocencia infantil a cambio de la ropa sugestiva, el pelo desaliñado, compañeros de aspecto desagradable, palabras vulgares y una familiaridad excesiva en el trato con los varones. Hay padres que estupefactos levantan los brazos en señal de derrota a las actitudes y las exigencias irrazonables de sus hijos de siete u ocho años de edad, y generalmente acaban por ceder. Hay esposas que se quejan de que el esposo jamás tiene tiempo para dedicarle a la familia, pero que no obstante esperan que ellas mantengan la casa y los chicos funcionando como un reloj de precisión. Hay esposos que se preguntan por qué tienen que luchar a brazo partido diez o doce horas diarias por el sustento, para luego volver a la casa y al abrir la puerta encontrarse con un sin fin de problemas. El esposo tiene el recurso de pasearse por la casa pisando fuerte vociferando para expresar su frustración, mientras que la esposa se dedica a regañar y los hijos exteriorizan lo mismo con el mal comportamiento o el aislamiento huraño. Mas en el fondo de toda esta diversidad de reacciones no hay más que una súplica: *¿Qué podemos hacer?* ¿Qué podemos hacer para que la vida familiar funcione mejor de algún modo?

En tiempos pasado la familia ha pasado por aguas tormentosas. Es una estructura muy vieja pero a la vez muy sólida. En nuestros tiempos se han levantado contra ella vientos muy fuertes. Bravas olas baten contra el casco de la vida de familia. Algunos alarmistas creen que ya es hora de abandonar el barco: el matrimonio y la familia se hunden. Pero ya hemos navegado demasiado tiempo en este barco. Esa cubierta que cabecea y se sacude sigue siendo más segura que si anduviéramos a la deriva en un mar desconocido.

La verdad es que el matrimonio y la familia han sido ideados de tal modo que puedan capear el peor temporal sin hundirse. Pero para ello es preciso que haya una mano firme en el timón.

Cuando hay calma el barco puede salirse de su curso sin correr peligro serio; otros barcos, los puestos de observación en la costa, pueden hacerle llegar señales de advertencia a tiempo, a fin de evitar un desastre. En épocas anteriores la cultura general apoyaba al matrimonio y la familia. Si un hombre empezaba a virar peligrosamente no tardaba en llegarle una severa palabra de advertencia de parte del patrón, de los amigos preocupados y sinceros, del predicador, de diversos miembros de la familia, probablemente incluso de uno o dos críticos mordaces. Pero cuando se avecina la tormenta los puntos de referencia se vuelven inciertos. Muchos de los puntos de referencia de carácter moral han desaparecido bajo las aguas del agitado mar del relativismo. Cada familia maltrecha y sacudida por la tormenta, sigue su curso como puede. El aullido de los vientos del tumulto y del cambio ahogan las palabras de advertencia. Y arriba, en el puente de mando, la rueda del timón del barco gira locamente en medio de la tormenta. No hay una mano firme que gobierne ese timón. La familia está siendo sacudida de un lado para otro a merced de la tormenta. Es que el capitán ha abandonado su puesto.

Son demasiados los padres de familia que están perdiendo el tiempo en las habitaciones del capitán, reclamando sus privilegios de "jefe", sin cumplir las obligaciones que le son propias. Son demasiados los esposos que han delegado la responsabilidad del mando y la decisión al otro cónyuge. Son muchos los hombres que han renunciado a representar ese símbolo de coraje varonil, que no le teme a las tormentas y del cual su esposa e hijos derivan su propio valor y fuerza. ¿Qué podemos hacer para que esto que llamamos vida de familia funcione mejor? *Hacer que el padre vuelva a su puesto de mando en el puente, que tome en sus manos la rueda del timón, y que imprima un curso positivo a su familia.* En nuestros días el gran clamor de la familia es por la recuperación de la mano firme de un padre, que mantenga al barco en su curso, para beneficio de aquellos cuya vida le ha sido confiada.

El padre que reconozca la angustia de su familia, y que resuelva cumplir la responsabilidad que le toca como padre, ha de necesitar una comprensión radicalmente renovada de lo que significa ser padre. El papel actual del padre en la familia, y una comprensión renovada de lo que debe volver a ser ese papel, pueden determinarse en base a tres puntos de referencia. En primer lugar, el modelo de paternidad que se ha puesto de moda en nuestra cultura es inadecuado. Necesitamos un modelo mejor. Segundo, la relación con la compañera o la pareja se ha empañado por el surgimiento de conflictos y confusiones, nuevamente por lo que debe ser claramente definida. Tercero, la dirección que debe seguir la vida familiar se ha vuelto incierta e indefinida. Hace falta una buena carta de navegación, a fin de que el padre pueda trazar el curso que ha de seguir su familia con comprensión y confianza. Un modelo . . .una compañera. . . un mapa o carta de navegación. Estos son los puntos de referencia en torno a los cuales puede desarrollarse una comprensión renovada de la paternidad, y a partir de los cuales puede volver a trazarse un curso para la vida de la familia.

1.

EL MODELO

Algunas escuelas psicológicas y antropológicas nos dicen que "Dios" es una proyección de la imagen paterna. La idea de un Dios omnisciente, todopoderoso, enteramente competente es sencillamente una versión adulta de la creencia del niño de que "mi papá puede hacer cualquier cosa".

La Biblia aborda la cuestión desde el otro extremo. La idea de la paternidad de Dios no está armada en base a la analogía con la paternidad humana. Más bien, la paternidad humana deriva su significado de la paternidad de Dios. "Por esta causa doblo mis rodillas ante el Padre de nuestro Señor Jesucristo, de quien toma nombre toda familia en los cielos y en la tierra" (Efesios 3:14, 15). La paternidad humana es una expresión o una ilustración de la divina paternidad de Dios.

La paternidad de Dios es eterna. El es el Padre eternamente, así como Cristo es el Hijo eternamente. No es que se convierta en padre al adoptarnos a nosotros como hijos; más bien, nos adopta porque ya es, desde la eternidad, el Padre. La "paternidad de Dios", por lo tanto, no constituye un mero antropomorfismo, determinado por la cultura, y no se limita a describir una relación que se da entre Dios y el hombre. Ella expresa algo de la naturaleza de Dios, que cronológicamente es muy anterior a todo concepto de paternidad humana. Abarca toda la creación. La paternidad de Dios, que todo lo abarca, constituye un concepto fundamental de la fe cristiana: Creo en un Dios único, *Padre Todopoderoso*, Creador del cielo y de la tierra, de todas las cosas visibles e invisibles". Jamás podremos entender o explicar adecuadamente la paternidad humana si limitamos la investigación a la esfera de la sociedad o la cultura humana. Porque la paternidad está enraizada en la naturaleza eterna de Dios. La comprensión de la paternidad ha de comenzar con la comprensión de Dios, el Padre eterno. El mismo constituye el modelo para la paternidad humana.

¿Qué clase de padre es Dios? ¿Qué es lo que caracteriza su paternidad? Comenzamos a entender la paternidad de Dios cuando vemos cómo actúa El, del mismo modo en que nos damos una idea de cómo es la carpintería o la mecánica aprendiendo los principios que aplica el carpintero o el mecánico en su trabajo. ¿Cómo desarrolla Dios su actividad de Padre?

La paternidad de Dios opera en base a un principio que, al igual que su misma paternidad, es eterno. Es el principio según el cual existe la cabeza, el jefe. Dicho principio está incorporado en la estructura de la creación de Dios; y con especial referencia a la vida de la familia, ". . . Cristo es la cabeza de todo varón, y el varón es la cabeza de la mujer, y Dios la cabeza de Cristo" (1 Corintios 11:3). La paternidad de Dios se proyecta en la vida humana por medio de este mismo principio. Ser padre según el modelo de Dios, es ser la "cabeza".

1. La cabeza determina la dirección

La función principal de la cabeza es la de *determinar y mantener la dirección.* La cabeza traza el curso del barco y tiene la responsabilidad de guiarlo hasta que llegue al destino preestablecido. Parte del conflicto y de la confusión de que somos testigos en los hogares actualmente surge de una comprensión y un ejercicio demasiado simplista de lo que es la cabeza. Ser cabeza del hogar significa más que el solo privilegio del hombre de ocupar las habitaciones del capitán y de dar órdenes en forma autoritaria. Significa aprender a llevar las cargas de responsabilidad que demanda el dirigir la familia de modo informado e inteligente. El concepto de la cabeza envuelve la delicada interacción de tres componentes básicos: la sumisión, la autoridad y el amor.

¿Qué clase de asociación de ideas haría la mayoría de las personas en torno a la frase "jefe del hogar"? Una desproporcionada mayoría probablemente diría "autoridad" o algo muy semejante. Pero "autoridad" no es la primera palabra en relación con la cabeza de la familia, ocupa claramente un segundo lugar. Lo primero es la sumisión.

El padre primero comienza a entender su papel como cabeza de la familia es entonces cuando reconoce que él mismo está sujeto a una autoridad, que es responsable ante un Ser superior más alto que sí mismo. "Cristo es la cabeza de todo varón". Antes que el padre pueda ejercer plenamente su señorío sobre la familia, tiene que someterse él mismo al señorío de Cristo. El concepto de la cabeza funciona en el marco de un orden jerárquico claramente definido. Cuando se quiebra la cadena o el orden en cualquier punto, la autoridad se viene abajo.

En cierta oportunidad un centurión romano acudió a Jesús y le pidió que sanara a su sirviente. El creía que Jesús podía realizar la sanidad y su fe estaba basada en una penetrante comprensión del principio de autoridad. "Yo soy hombre bajo autoridad", dijo, "y tengo bajo mis órdenes soldados; y digo a éste: Vé, y va; y al otro: Ven, y viene'' (Mateo 8:9). A nosotros se nos ocurre que podría haber dicho: ''Yo soy hombre que *tiene* autoridad. . .'' Pero el centurión era un hombre con mucha más humildad y sabiduría. Comprendía que su autoridad para darle órdenes al soldado descansaba en el hecho de que, como oficial romano, ocupaba un lugar concreto en el orden jerárquico: su palabra equivalía a la palabra del emperador. Y en Jesús reconoció un ejercicio similar de autoridad en el reino de lo espiritual. El hecho de que Jesús podía dar órdenes a las fuerzas espirituales descansaba en el hecho de que El, también, estaba ''bajo autoridad'', que ocupaba un lugar concreto en el orden jerárquico *de Dios*.

Del mismo modo que la autoridad de Cristo está arraigada en la sumisión de El a Dios, la autoridad del padre terrenal nace de su sumisión a Cristo. No comanda el barco en mérito a su propia autoridad, sino como quien vive bajo la autoridad de Cristo. No ejerce autoridad sobre su esposa y sus hijos según su antojo personal, sino según la palabra de Cristo. El padre no establece un curso o dirección para su familia siguiendo sus propias preferencias, sino que se guía por la carta de navegación que Cristo le da.

Por lo tanto, el padre no debe enfocar su atención principalmente sobre la familia, sino en Cristo. Si pierde dicho foco de atención, pierde su cimiento fundamental como padre. Puede tomar las cosas en serio. Puede realizar grandes esfuerzos por cumplir su función de padre triunfador. Pero si no vive bajo la autoridad de Cristo, edifica sobre la arena. Muchos son los padres que centran su atención equivocadamente en sus propios hijos, en su familia, y al mismo tiempo descuidan su responsabilidad para con Dios. Cuando los hijos dan muestras de rebeldía y descontento redoblan sus esfuerzos, pero con frecuencia con poco éxito. La razón es que se están concentrando en primer lugar en lo que no ocupa el primer lugar. Los hijos no necesitan que se los tome como el centro de interés. Lo que necesitan es el ejemplo de un padre que juntamente con otros también, vive responsablemente bajo la autoridad de Cristo.

El padre que está preocupado por el descuido con que su hijo encara los problemas monetarios quizá tenga que enseñarle unos cuantos principios elementales de administración; orientar a los hijos en las cosas prácticas de la vida constituye un deber normal de los padres. Pero es posible que el problema tenga una raíz más profunda: ¿Se trata de un padre que da muestras de responsabilidad *ante Dios* en sus propios asuntos financieros? ¿Ofrece el diezmo de sus ingresos? Probablemente el padre sea un empresario de éxito, pero si resiste la autoridad de Cristo en el aspecto económico, no debe sorprenderse si las cosas financieras de sus hijos se enredan. Nuestros pecados y fracasos, que para el mundo pasan desapercibidos, aparecen con frecuencia en los hijos.

2. La cabeza ejerce autoridad

La *autoridad*, es el segundo componente del concepto de la cabeza, surge naturalmente de la sumisión del padre a Cristo. Ya que el padre vive bajo la autoridad de Cristo, Cristo puede confiarle cierta autoridad sobre su familia. No es la autoridad del padre, como tal, la que se manifiesta en el hogar cristiano, sino la autoridad de Cristo, que se hace sentir por medio del padre.

Si se comprende que procede de Cristo, se verá que la autoridad del padre cristiano pondrá de manifiesto la mansedumbre de Cristo. En algún momento el esposo ve que su esposa se siente aturdida y nerviosa porque todos los hijos gritan al mismo tiempo durante el desayuno: ¡tiene que servir el desayuno, prepararles algo para llevar a la escuela; una de las hijas entra apresuradamente necesitando ayuda! Necesita una visual para la clase de gramática. Además, a uno de los varones se le olvidó traer la prueba de historia para que se la firmaran, así que le ruega a la madre que lo lleve a la escuela y la firme allí para que no le bajen la nota.

Esa noche el padre y su familia se sientan a

considerar un plan que les presenta. Susana (la adolescente) va a preparar la noche anterior lo que llevarán a la escuela para comer. De ahora en adelante no se van a permitir pedido de último momento por la mañana. Cada uno de los hijos se va a ocupar de revisar sus cosas para el día siguiente, para estar seguro de que tiene todo en orden. El padre y la madre se van a levantar media hora más temprano a fin de dedicar unos momentos a leer la Biblia y orar, de manera que la paz del Señor Jesús pueda hacerse cargo de sus pensamientos y de sus planes. Antes de desayunar, toda la familia estará reunida para comenzar con oración.

De ese modo el padre logra que el centro de atención de la familia se enfoque sobre Cristo, fuente de armonía y de paz. Usa su autoridad, no para imponerse despóticamente sobre su esposa y sus hijos, sino con toda suavidad a fin de edificar la familia, de enseñar a los hijos, de alentarlos, de orientarlos y dirigirlos.

No obstante, su autoridad no está desprovista de la firmeza, hasta de la severidad de Cristo. Mientras que el padre que se las arregla solo tiende a ceder o a sentirse inseguro de sí mismo, el padre que vive sujeto a Cristo se mantiene firme y no cede. En el seno de esa familia nunca hay dudas en cuanto a lo que harán el domingo por la mañana. Todos están juntos en la iglesia, adorando a Dios. El padre no permite ninguna falta de honestidad en la casa, ni tolera el hablar soez. La obediencia de los hijos no es cuestión de "alguna vez". Es cuestión resuelta, porque Cristo espera que así sea.

En nuestro hogar la atmósfera cambió de la noche a la mañana cuando mi esposa y yo nos dimos cuenta de que la disciplina (castigar cuando fuera necesario) no era cuestión nuestra sino de Dios. Dar un castigo no significa que el padre le está imponiendo su voluntad al hijo. Es la respuesta de obediencia del padre a la Palabra de Dios frente a la rebeldía o la desobediencia del hijo. Cuando nos dimos cuenta de eso *los castigos se hicieron fuertes y a la vez con más firmeza, ¡pero también menos frecuentes!* La disciplina que se lleva a cabo en obediencia a una ley moral que se aplica tanto al padre como al hijo tiene un tono espiritual y emocional distinto al de la disciplina que no es más que la expresión de la voluntad personal del padre. Y el hijo se da cuenta rápidamente de la diferencia. Reacciona mejor ante la disciplina, porque le llega por medio del orden jerárquico divino. El padre que sabe cuál es su lugar bajo la autoridad de Cristo no ha de titubear cuando tiene que ejercer la disciplina con firmeza, a fin de que la voluntad de Cristo para la familia realmente se lleve a cabo.

3. La cabeza proporciona amor

El tercer componente del concepto de la cabeza es el *amor*. El padre cristiano como jefe del hogar no trata despóticamente a su familia. Basándose en la posición que ocupa procura *servir* a su esposa e hijos. Eso no quiere decir que se convierte en esclavo de ellos, en el sentido de que hace esto o aquello a pedido de ellos, tratando de agradarlos y satisfacer todos sus gustos. El padre sirve a la familia *aceptando la responsabilidad de ocupar la posición de jefe de la familia.* Sirve a la familia desempeñándose bien en su trabajo o profesión, a fin de proveer para todas las necesidades materiales. Sirve a la familia dedicando tiempo, para darles la dirección y la guía que servirá para ir uniéndose y solidificando los lazos de la familia, sin descuidar la formación individual. Sirve a la familia procurando sinceramente someterse más y más a la disciplina de Cristo. Sirve a la familia alentando y encauzando su potencial intelectual y artístico. Sirve a la familia haciéndose cargo de sus obligaciones y, con la ayuda de ellos, fijando metas realistas que concuerdan con la Palabra y la voluntad de Dios. Como consecuencia, el padre cristiano sirve a su familia *cuando provee para todas las necesidades*: físicas, emocionales, sociales, intelectuales, culturales, y espirituales. Esta es la clase de amor que Jesús nos enseñó a esperar de Dios, el modelo de toda paternidad. Dios nos da el pan cotidiano . . .Nos protege del mal. . . Nos hace entrar en su reino.

2.

LA COMPAÑERA

Para comprender la relación entre esposos debemos reconocer que la relación en sí forma parte de la cadena u orden jerárquico de Dios. ". . . Cristo es la cabeza de todo varón, y el varón es la cabeza de la mujer, y Dios la cabeza de Cristo" (1 Corintios 11:3). En consecuencia, la relación entre el esposo y la esposa ofrece un paralelo exacto de la relación entre el Padre y el Hijo. Cuando se acepta claramente este hecho, las montañas de confusión y de comprensión que pudieran existir empiezan a disolverse.

Consideremos la relación entre el Padre y el Hijo. El Hijo está sujeto al Padre, y sin embargo es igual que el Padre. En las relaciones puramente humanas, la sujeción conlleva con frecuencia el estigma de la inferioridad. Pero no es así en el caso del matrimonio cristiano. Este se basa en un modelo mejor. El esposo y su esposa son uno, así como el Padre y el Hijo son uno. La esposa es tan igual al esposo como Cristo es igual a Dios; empero se mantiene sumisa a su esposo en todo, así como el Hijo se somete en todo al Padre. Lejos de oponerse mutuamente, la igualdad y la sumisión son en realidad dos lados de la misma moneda. En el Señor no se trata de la denigración de una parte, ni de la exaltación de la otra, sino que responde a la naturaleza de ambas. En el matrimonio cristiano no es posible tener lo uno sin lo otro. La mujer que descarta la sumisión a su esposo anula la unidad con él. El esposo que abdica su responsabilidad como la cabeza asesta un golpe al corazón mismo de la relación que Dios ha establecido entre él y su esposa.

El Padre exalta al Hijo. Se deleita en elevarlo y honrarlo. *Esta es la forma en que se comporta la cabeza cuando está basada en el amor.* La cortesía que el esposo manifiesta para con su esposa, la forma en que la enaltece delante de los hijos, su evidente y abierta estima por ella, consitituyen el fundamento sobre el que se edifican el respeto y la confianza de ella hacia su esposo. Y luego ella también, a su vez, reconocerá y exaltará a su esposo, sometiéndose gustosamente a su autoridad —así como Jesús exalta al Padre y se somete a su autoridad.

Actualmente las mujeres occidentales en general no están subyugadas ni oprimidas, con necesidad de "liberación". Resulta inexplicable que en una cultura como la norteamericana, por ejemplo, alguien pudiera criarse pensando que necesitan "liberación", especialmente en lo que se refiere a los últimos 40 años. En realidad la *ausencia* de autoridad masculina está resultando desastrosa en los Estados Unidos. Los hombres han renunciado a su responsabilidad de esposos y padres. Existe una fuerte tendencia a que la sociedad se haga rápidamente matriarcal. La enseñanza y la corrección de los hijos, la responsabilidad de mantener y administrar todo lo relativo a la familia, la imagen de la familia en la comunidad, la participación en los asuntos civiles y eclesiásticos y, en forma creciente, una mayor responsabilidad en cuanto hacer provisión en lo económico para la familia, todo esto ha recaído en las espaldas de las mujeres. ¡Con razón comienzan a hacer oír su voz de protesta! Pero vivimos en una época en que los valores y el discernimiento están tan tergiversados que el remedio que se está ofreciendo es sencillamente más de lo mismo. Más oportunidades para que las mujeres acepten responsabilidades que corresponden al hombre: como el corredor que se acerca sin aliento al punto de llegada de una carrera de una milla, y al que se le dice que tiene que meterse como pueda en otra de dos millas.

Las mujeres que trabajan en un oficio o una profesión merecen por cierto que se les pague en relación con lo que producen, sin tomar en cuenta su sexo. Pero este tipo de consideraciones, aun cuando no dejan de tener su importancia, son, no obstante, periféricas en relación con los factores principales que están arruinando las relaciones en el seno de la familia. A pesar de la propaganda que se está impulsando actualmente en contra de las actividades domésticas, la maternidad y el matrimonio, la mayoría de las mujeres seguirá terminando por casarse y tener hijos. Para llegar a la raíz del problema que está afectando a las mujeres en estos tiempos no es solución intentar reformar las prácticas laborales y otras cuestiones semejantes.

El problema está en la abdicación masiva por parte del esposo. Lo que necesita la familia en el mundo occidental de hoy no es algún tipo de "igualdad" postiza entre marido y mujer. La igualdad ya está allí, dada por Dios, y a la espera de que se la descubra. Lo que hace falta es el concepto de la *cabeza*, de la jefatura. Que el hombre acepte la responsabilidad como jefe de la familia, y la mujer descubrirá que tiene una libertad, un sentido de liberación, sujeta a la autoridad del esposo, tal que no se puede conseguir mediante ninguna reforma legal.

3.

EL MAPA

La meta de la familia cristiana consiste en glorificar a Dios proyectando sobre el mundo una demostración de lo que es su reino. La familia tiene por fin ofrecer una parábola viviente de las realidades y las relaciones que rigen en el orden celestial.

¿Cómo puede alcanzar la familia esta meta? ¿Cómo puden vivir el padre, la madre y los hijos en armonía de modo que quienes los observan y los conocen puedan decir: "¡Ahí tienen un pedazo de cielo en la tierra!"? La meta que la Biblia establece para la familia no es menos que esa: ". . . Los días de los cielos sobre la tierra" (Deuteronomio 11:21b). También indica el curso a seguir a fin de lograrlo: "Por tanto pondréis estas mis palabras en vuestro corazón y en vuestra alma,. . . Y las enseñaréis a vuestros hijos, hablando de ellas cuando te sientes en tu casa, cuando andes por el camino, cuando te acuestes, y cuando te levantes'' (Deuteronomio 11:18, 19).

La Palabra de Dios: ese es el mapa o la carta de navegación del padre. Cuando él aplica esa Palabra a la vida de su familia ellos podrán seguir un curso recto y firme a través de las tormentas de los tiempos actuales hacia la meta indicada por Dios. El papel del padre en esta situación es doble, fundamentalmente. Es un *profeta* en cuanto que presenta a Dios a su familia; es un *sacerdote* en cuanto que presenta a la familia ante Dios.

La formación religiosa que Dios espera que el padre les dé a sus hijos no es ningún barniz superficial. Se trata de enseñanza que tiene que ser *diligente*. ''Y estas palabras que yo te mando hoy, estarán sobre tu corazón; y las repetirás a tus hijos, y hablarás de ellas estando en tu casa, y andando por el camino, y al acostarte, y cuanto te levantes'' (Deuteronomio 6:6, 7). Pero no con un espíritu severo, opresivo, dictatorial. Más bien, con un sereno entrelazamiento de la Palabra de Dios y el Espíritu de Dios para formar la armazón y entretejer la vida de la familia: ''estando en tu casa, y andando por el camino, y al acostarte, y cuando te levantes'' (Deuteronomio 6:7). La Palabra de Dios se convierte así en un punto de referencia natural para todo lo que pueda surgir en la familia. Además, por medio de la Palabra, el Señor Jesús viene a morar en la familia, en forma tan natural como cuando entra el sol por la ventana cuando corremos las cortinas.

Es justamente esta presencia del Señor Jesús la que constituye la meta de la enseñanza del padre. La enseñanza tiene que ser diligente porque la presencia del Señor en la familia es importante, sumamente importante. Vivimos en un época en que mil sirenas compiten para conquistar los oídos y la mente de nuestros hijos. No basta con enseñarles un código de ética. No basta con enseñarles unas cuantas oraciones en forma mecánica. Nuestro hogar ha de estar tan lleno de la presencia de Jesús que se lo pueda encontrar a cada paso, de tal modo que los hijos puedan llegar a conocerlo del mismo modo natural en que aprenden a conocer a sus padres. En un contexto así Jesús puede pedir su lealtad y llenarles la imaginación de entusiasmo. Este es el único antídoto contra los poderes de las tinieblas y la corrupción que andan sueltos por el mundo hoy. Se han ido ya las épocas en que los padres podían conformarse con darles a los hijos un baño superficial de religión. Nuestros hijos estarán llenos de Jesús y volcarán su entusiasmo hacia Sus cosas, o estarán llenos de pecado y volcarán su entusiasmo hacia todo lo que sea pecado. Todo lo que podamos darles a nuestros hijos será inútil a menos que les presentemos la vida de Cristo.

¿Cuántos padres, incluyendo a los padres cristianos, toman en serio su papel profético en la familia? ¿Cuántos podrán pararse delante de Dios y decirle: "Les he dado tu palabra"? ¿Quién lleva a sus hijos a la Escuela Dominical? *¡La madre!* ¿Quién tiene la iniciativa en el culto familiar? *¡La madre!* ¿Quién ora por los hijos cuando se acuestan? *¡La madre!* La causa principal de la decadencia en el hogar y en la iglesia es la de que *los hombres han abdicado como directores espirituales.* Con su vida y su ejemplo han transmitido con éxito a sus hijos la idea de que la religión es "cuestión de mujeres". Esto ha llevado a un predicador evangélico a decir que el resultado más importante de un avivamiento religioso en nuestros días sería el de volver a dar a los hombres su autoridad y su responsabilidad espirituales.*

La función sacerdotal es la contraparte natural de su función profética. Mediante la oración y la intercesión el padre presenta a su familia ante Dios. Aquí corresponde reconocer la *autoridad espiritual* con que Dios inviste al que ha sido llamado a ser "sacerdote". Sus oraciones tienen poder porque Dios le ha encomendado ciertas responsabilidades. No puede eludir esas responsabilidades aduciendo falsa modestia. La responsabilidad principal está en el padre —luego en la madre, cuando el padre está ausente del hogar. Siendo que ha sido llamado a ser sacer-

---

*Tomado de una conferencia dada por el señor Derek Prince. El autor reconoce su deuda con el señor Prince, por varias de las ideas contenidas en el presente artículo.

dote para su familia, el padre debe acudir a Dios reverentemente, pero confiadamente, para presentar a cada uno de los integrantes de la familia ante su presencia. El padre que apoya y rodea a su familia con sus poderosas intercesiones cimenta su bienestar sobre bases inconmoviles de granito.

Las oraciones que les enseñamos a los hijos constituyen parte integrante de la vida de la familia cristiana; ellas ponen al niño en contacto personal con Dios. Pero no pueden sustituir ni reemplazar a las oraciones sacerdotales del padre. Las oraciones de él están investidas con autoridad especial para la provisión y la protección de la familia.

El papel de intercesor sacerdotal requiere una *vida de oración disciplinada.* El padre-sacerdote con una vida de oración descuidada es como un tirador con un rifle oxidado o como un arquero con un arco sin cuerda. El que tiene poca intimidad con Dios obtendrá pocas bendiciones para su familia.

Vivimos en una época de gran conmoción moral y espiritual, una época verdaderamente tormentosa. Las épocas tormentosas no son para andar con conversaciones livianas e intrascendentes, de modo que lo que decimos a continuación va directamente al grano: *Padre, la responsabilidad de la dirección de la familia está en sus manos.* Cuando tome el timón y ocupe su puesto en el puente, Dios estará allí con usted. Así guiará a su familia a experimentar "los días de los cielos sobre la tierra".

SECCION II

por Howard G. Hendricks

1.

COMIENCE POR SU CONYUGE

Centenares de veces al día se oye golpear el mazo de un juez sobre su escritorio, mientras resuenan las lúgubres palabras: "Divorcio concedido". Un matrimonio que comenzó en forma encantadora, ha terminado en la desilusión. Lo que la pareja pensaba que eran estrellas en sus ojos, resultó ser arena. Lo que comenzó con entusiasmo y esperanza, ha terminado en amargura y hostilidad.

Hay también otra tragedia, no tan publicada, pero tan de lamentar como el divorcio legal. Es el divorcio psicológico: una pareja que sigue viviendo junta, pero con una comunicación mínima. Las relaciones están destrozadas, y a todos los efectos prácticos, el matrimonio está muerto.

El chiste sobre la pareja silenciosa que no se había comunicado por un buen tiempo, no está muy lejos de la realidad: estaban manejando un domingo por la tarde en el campo, y él divisó dos mulas al otro lado de la cerca. Por primera vez en tres semanas, le habló a su esposa. —¿Son parientes tuyos? —le preguntó.

La respuesta de ella estuvo a la altura: —Sí, por parte de mi esposo.

Y de nuevo se sumergieron en su silencio lleno de agitación mental.

El doctor James A. Peterson, profesor de sociología en la universidad de California del Sur, una gran autoridad en asuntos matrimoniales y vida familiar, terminó un estudio exhaustivo de parejas que llevaban casadas entre 20 y 35 años. Su conclusión fue que sólo seis parejas de cada cien estaban satisfechas y se sentían realizadas en sus relaciones matrimoniales. Esto nos hace preguntarnos: ¿Por qué?

Enfrente la realidad

La mayor de las razones del fracaso en el matrimonio, son las esperanzas poco realistas. La pareja promedio entra en la relación matrimonial esperando que la boda haga lo que sólo Dios puede hacer. Es necesario que venga Dios para hacer que un matrimonio esté pleno de sentido y llene nuestras aspiraciones. El fue quien lo creó. El matrimonio no es el producto de un mal uso humano; es el producto de un plan divino. Y Dios tiene indicaciones sobre cómo ha de ser la relación matrimonial. Intentar constituir un matrimonio sin seguir ese plan, es llamar al fracaso. Por eso el salmista dijo: "Si Jehová no edificare la casa, en vano trabajan los que la edifican" (Salmo 127:1).

Tal como yo entiendo el plan de Dios, para constituir un matrimonio exitoso, debemos desarrollar un compañerismo dinámico con nuestro cónyuge. Para enfocar esto con claridad, comencemos por el principio. En el primer capítulo del Génesis, se encuentra repetida la declaración: "Era bueno". En el versículo 31 leemos: "Vio Dios todo lo que había hecho, y he aquí que era bueno en gran manera". Pero en el capítulo 2, versículo 18, encontramos un contraste asombroso, cuando El dice: "*No es bueno* que el hombre esté solo". Esta es una de las afirmaciones más notables de las Escrituras. Adán tenía un ambiente perfecto: no existían los problemas ecológicos allí. Tenía genio creador, y toda la responsabilidad de que era capaz. Tenía una comunión con el Dios infinito, que aún no se había roto. Pero Dios (no Adán) dijo que: "no era bueno para el hombre estar solo".

El hombre está incompleto sin la mujer. Ninguna otra criatura podía satisfacer la soledad de Adán; tenía necesidades que sólo una mujer podía satisfacer. De manera que Dios lo hizo dormirse, formó una mujer con una costilla de él, y la puso delante del hombre.

Aquí me gustaría mejorar la forma en que

nuestras traducciones presentan la reacción de Adán: "Esto es ahora hueso de mis huesos" (Génesis 2:23). El texto hebreo dice, traducido más literalmente: "¡Aquí, ahora, por fin!" O como podríamos exclamar: "¿Dónde estuviste durante toda mi vida?" Adán reconoció inmediatamente a Eva como la respuesta a su soledad: una compañera con una naturaleza como la suya, que podría formar una relación de ayuda con él.

El versículo 24 presenta una acción tan fundamental en la vida, que tanto Jesucristo como el apóstol Pablo la repetirían más tarde: "Por tanto, dejará el hombre a su padre y a su madre, y se unirá a su mujer". Reflexionemos en el hecho de que Dios les dijera esto a Adán y Eva *antes* de que tuvieran hijos; eran dos personas que no tuvieron nunca que romper ningún lazo de familia, y por lo tanto no tenían precedentes que aprender. Esta es una preparación paterna esencial. En esta forma, el fuerte lazo humano entre hijos y padres es superado por la relación única en su género de esposo y esposa.

Es extraño que "*cleave*", la palabra usada en la versión inglesa "King James" por "se unirá", tenga dos significados casi opuestos. Cuando yo era muchacho en Filadelfia, usaba un "*cleaver*" (cuchillo de carnicero) para dividir en dos una chuleta de cerdo. Sin embargo, el "*cleave*" del matrimonio, de dos seres hace uno solo. La palabra hebrea significa "pegarse, adherirse a"; una relación que no se puede separar. El ideal de Dios es un hombre para una mujer de por vida, y el divorcio no es una opción vital.

Me pregunto cuándo vamos a comenzar a enseñarles esto a nuestros jóvenes. Si una pareja joven va al matrimonio pensando que el divorcio es una opción posible, aumentan las posibilidades de que vayan a parar en él. Las Escrituras declaran que el matrimonio es un compromiso mutuo de por vida. Si lo reducimos a menos que eso, pagamos las consecuencias.

Se cita otro componente del matrimonio ideal en Génesis 2:24: que la pareja será, se convertirá en, una sola carne. El texto hebreo dice claramente que esto sólo está comenzado, y no terminado, en el momento del matrimonio. Es un proceso que continúa todo el tiempo que continúe la vida: el cultivo de una relación en que ambos sean una sola carne.

Toda mi labor de consejero con respecto al matrimonio y a los problemas de familia puede dividirse en categorías, a base de estas tres situaciones: no haber sabido dejar realmente a los padres; no haberse unido al solo compañero; no haber desarrollado una relación unida. Esto último comprende mucho más que la sola relación sexual. Una correcta relación sexual no asegura un buen matrimonio, más bien un buen matrimonio asegura una relación sexual significativa. La intimidad, la apertura y la honestidad son cualidades que añaden profundidad y emoción a la relación de una sola carne, a medida que pasan los años.

El secreto de mi propia vida y de mi ministerio, es la relación de una sola carne con mi esposa, que Dios hizo surgir y está alimentando. Esta es mi más grande satisfacción en la vida, y toda se debe a El. No tengo otra explicación con respecto a su existencia.

Cultive su matrimonio

¿Es su esposa, o esposo, su mejor amiga (o amigo)? Es sorprendente cómo algunas veces reservamos lo peor para aquél a quien amamos más. A mi oficina llegó un hombre de negocios que estaba teniendo problemas en su matrimonio. Le pregunté: —¿En qué se gana la vida?

—Ah, vendo seguros —me dijo—. Soy un hombre del millón de dolares.

—¿Cómo hace para vender sus seguros? —inquirí.

—Generalmente lo hago mientras tomamos café o almorzamos. Ese es el mejor lugar para vender.

—¿Cuándo fue la última vez que invitó a salir a su cliente más importante?

—¿Qué quiere decir con eso? —preguntó sorprendido.

—Su esposa . . . ¿cuándo fue la última vez que la sacó a pasear en una cita especial?

Si lo hubiera golpeado en la cabeza con un ladrillo, no le hubiera hecho mayor efecto. Más tarde me dijo: —Fue como si alguien descorriera una cortina. ¡He aquí que yo me paso la vida atendiendo a la gente, y nunca veo a mi esposa en la misma perspectiva!

Algunos padres tienen el problema contrario. Me preocupa mucho que muchas parejas jóvenes se pasan toda su vida construyendo su matrimonio y su hogar alrededor de sus hijos. La mitad de nuestros años de casados los pasaremos sin los hijos, y la incidencia mayor de divorcios en los Estados Unidos corresponde al grupo de edad entre 45 y 55 años. ¿Por qué? Porque se han quedado sin los hijos, y de pronto se miran uno a otro, y descubren que son dos extraños. No han tomado tiempo para cultivar su propia relación, escucharse mutuamente y desarrollar intereses comunes.

¿Cómo puede cultivar usted su vida amorosa? Tiene que trabajar en ella: mucha habilidad, mucho corazón, y mucho control del Espíritu es lo que se requiere. Para sondear las profundidades de una relación de amor, tiene que olvidarse de sí mismo y entrar en la vida de la otra persona.

Si quiere realmente calibrar la calidad de su vida espiritual, analice sus dimensiones amorosas. No es con cuánta frecuencia lee la Biblia, ni cuánta Escritura ha aprendido de memoria, sino si las personas con quienes vive lo consideran una persona amorosa: una persona que refracta el amor de Cristo que El derrama en su corazón.

Antes del matrimonio, el "enamorado" corre al otro lado del auto para abrirle la puerta a su amada. Después de casarse, refunfuña: "¿Qué te pasa? ¿Se te rompió el brazo?" Antes del matrimonio, le trae flores. Después: "Guárdalas para el funeral". Antes del matrimonio, le trae dulces deliciosos. Ahora: "No, ya está bastante gruesa". El romance llegó al punto en que se detuvo con un chirrido.

Aconsejé en mi oficina a una pareja que en el momento antes de entrar estaba teniendo una guerra de palabras interminable. Cada vez que quería hacerle una pregunta a la esposa, el esposo comenzaba a parlotear, y cuando le hacía la pregunta a él, ella me daba una conferencia. Finalmente, dije: —Debemos tener algunas reglas para el juego, ¿verdad? —De manera que tratamos de hacerlo durante media hora, sin que llegáramos a ninguna parte. Entonces, le pedí a ella que saliera, y le pregunté al hombre: —¿Ama usted a su esposa?

Se irguió en su silla como si lo hubiera insultado: —Por supuesto que amo a mi esposa —saltó.

Le respondí: —Es estupendo saberlo. ¿Cuándo fue la última vez que se lo dijo a ella?

—¿Es necesario que se lo *diga*? —se quejó.

—No, no es obligatorio, pero ayudaría. Le sugiero que cuando le dé la noticia, sin embargo, primero la ponga en una silla bien acolchada, para que no tenga un ataque de coronaria.

Se puso rígido y disparó en respuesta: —¡Señor, hace 23 años que le dije a esta mujer que la amaba, y esto es cierto aún, hasta que yo decida lo contrario!

Aquel caso sonaba ya listo para los procedimientos legales en más de una forma. ¿Cuándo fue la última vez que usted le dijo algo a su esposo, o a su esposa, con respecto a su amor? ¿O es usted también demasiado sofisticado para eso?

¿Es usted lo suficientemente hombre como para tomar la cara de su esposa entre las manos y decirle: "Le doy gracias a Dios por el privilegio de ser tu esposo"?

¿O puede usted, como esposa, decirle: "Qué agradecida le estoy a Dios de que tú seas mío"?

Lo que en realidad estoy diciendo es: *¿Tiene usted un imán en su hogar*? Porque si no lo tiene, siempre hay la posibilidad de que aparezca otro imán fuera de él. Lo que me atrae y arrastra en forma irresistible desde cualquier parte del mundo, de vuelta a una casita de Silverrock Drive, en Dallas, es la mujer encantadora que es mi imán. No hay nada en la tierra comparable al poder de atracción que ese imán tiene para mí.

Hace algún tiempo vino donde yo estaba un estudiante y me dijo: —Profesor, amo demasiado a mi esposa.

—¿Cómo?

—Amo demasiado a mi esposa.

—Supongo que estarás bromeando.

—No, me parece que es cierto.

De manera que abrí mi Biblia en el pasaje de Efesios 5 en que dice que los esposos deben amar a sus esposas como Cristo amó a la Iglesia.

—¿La amas tanto como eso? —le pregunté.

—No, claro que no.

—Bueno, amigo, mejor es que lo hagas —lo animé.

Esposos, ésa es nuestra tarea. Y necesitamos para realizarla, la gracia sobrenatural de Dios. Nosotros los norteamericanos tenemos una idea ridícula de lo que es la masculinidad. Mi Biblia me enseña que la persona más masculina que jamás haya caminado sobre la tierra, fue un Hombre que se emocionaba con la compasión. Derramó lágrimas cuando perdió al amigo querido. Cuando fue ultrajado, no respondió. Para hacer eso, hay que ser hombre. La marca de Jesucristo es la marca de la ternura. Necesitamos un ejército de hombres que sean tiernos, no solamente con respecto al Salvador, sino también con respecto a sus esposas, sus hijos y las demás personas.

2.

AMOR INCONDICIONAL

Tenemos la tendencia a pensar que el amor debería variar de acuerdo a la actuación, y que las personas necesitan cambiar antes de que las podamos amar más. Esta no es la forma divina del amor, y no es la forma de cambiar a nadie. Si usted está intentando cambiar a su cónyuge, ¡deténgase! En lugar de ello, pídale a Dios que lo cambie *a usted*.

Una dama de nuestra comunidad aprendió a orar en esa forma, y fue el instrumento que sirvió para llevar a su esposo a Cristo. En el Día de Acción de Gracias tuvimos un tiempo de testimonios en nuestra iglesia, y su esposo se levantó para decir: "Como sabe la mayoría de ustedes, he sido un incrédulo toda mi vida, hasta este año, en que Dios obró tanto en la vida de mi esposa, que tuve que capitular ante la realidad".

Se sentó, y su esposa se levantó y dijo: "Tengo que darles la otra parte del testimonio. Cuando fui a ver al señor Hendricks por primera vez, oraba: '¡Señor, ama *Tú* a mi esposo, y *yo* lo cambiaré!' Y nada sucedía. Entonces fue cuando llegué al punto en que exclamé: 'Señor, *yo* lo voy a amar, y cámbialo *tú*'. ¡Y Dios nos cambió a ambos!"

El libro de Efesios nos dice cómo vivir una vida celestial en un mundo infernal. Comenzando con el capítulo 4, tenemos la clínica ortopédica de Dios: ésta nos enseña a caminar a través de un territorio desolado por la guerra. El versículo 31 dice: "Quítense de vosotros toda amargura, enojo, ira, gritería y maledicencia, y toda malicia". ¿Están algunas de esas cosas negativas dentro de su sistema? ¿Está dispuesto a dejarlas?

Conozco a un hombre que perdió un hijo. Había estado escudriñando la Palabra de Dios y compartiendo su fe con los demás, cuando Dios en su soberana voluntad se llevó al niño al cielo. El padre se volvió amargado, y su vida espiritual se aflojó. En realidad, le estaba diciendo a Dios: "Te serviré mientras hagas lo que yo quiero que hagas". Si Dios lo aprobara a él sobre las mismas bases, ese hombre estaría en el infierno, al igual que el resto de nosotros. Tengo confianza en que él superará la situación, y cuando se recupere, va a ser un testigo de primera línea por Cristo, porque está aprendiendo la lección divina del amor incondicional.

¿Cómo ama usted? ¿Incondicionalmente, o por el sistema de la conveniencia? ¿Trata de castigar a su cónyuge a base de retirarle su amor? Esto no es amor; al menos, no es un amor que pueda ponerse al nivel del valor infinito de su cónyuge.

Notemos el lado positivo de la prescripción paulina: "Sed benignos unos con otros, misericordiosos, perdonándoos unos a otros, como Dios también os perdonó a vosotros en Cristo" (Efesios 4:32).

¿Cuándo fue la última vez que le dijo a su cónyuge: "Cariño, perdóname. Me estaba comportando como un chiquillo y lo sé"?

3.

CAMBIO SOBRENATURAL

Hay otro aspecto que es más importante que todo el resto. Imagínese un triángulo, en el que el ángulo superior represente al Señor, y los otros dos ángulos representen al esposo y a la esposa en sus relaciones mutuas. Su relación vertical con Dios, siempre afectará a su relación marital, que va en sentido horizontal.

He visto seguir constantemente este modelo de conducta: primero, se pierde la comunión con el Señor; segundo, se trata de compensar, a base de obtener concesiones extraordinarias del cónyuge; tercero, la persona se vuelve muy preocupada por sí misma y se pregunta: "¿Qué estoy sacando *yo* de todo esto?"

¿Cómo rompe una persona con este patrón horroroso y destructor de hogares? Los cambios más permanentes y productivos de la vida vienen a través de lo sobrenatural. Cuando Dios obra, tenemos pruebas positivas de que nos hemos encontrado con una realidad profunda. Tomemos el caso de un futbolista amigo mío:

Dios me había abierto un ministerio con el equipo de fútbol de los Dallas Cowboys. La primera vez que les hablé a estos hombres, uno de ellos profesó tener fe en Jesucristo como su Salvador. Entonces comencé una clase de estudio de la Biblia para algunos de los jugadores y sus esposas. El nuevo creyente me llamó antes de irse para el campamento de entrenamiento de verano, y me dijo: —Oye, Howie, ¿tienes algo en que pueda yo trabajar?

Le dije: —Claro, hombre, déjame darte una tarea. ¿Por qué no escudriñas el libro de Efesios? Este libro a veces es un poco duro, pero, hombre, es donde está la vida.

Me aceptó el trabajo, y le di una versión moderna para que lo hiciera.

El día en que regresó el equipo de los Cowboys a la ciudad, mi amigo me llamó por teléfono: —Howie, tengo que verte.

—Estupendo. Ven a casa. —Y vino.

Me dijo: —Amigo, de verdad que las cosas que hay en Efesios me han apaleado. Es algo muy serio, especialmente aquí, al final, en esta última parte. Lo voy a buscar. —Pasó las páginas y encontró el versículo—: "Maridos amad a vuestras mujeres, así como Cristo amó a la iglesia". Me miró: —Hombre, no puede ser. Francamente, es imposible.

Yo le dije: —¿Por qué?

—¿Se te había ocurrido alguna vez que en mi profesión de futbolista, toda mi vida ha sido construida alrededor de mí mismo? He sido el centro de atracción. Hasta que no me hice creyente, no reconocí lo totalmente egocéntrico que soy. Me enfrento a cualquier hombre o diferente tipo de hombre en el "campo de batalla", pero en mi casa, soy el hombre más tímido de los Estados Unidos. Y ahora la Biblia me dice que ame a mi esposa como Cristo ama a la iglesia. Me va a costar bastante trabajo. ¿Tienes alguna sugerencia?

—Bueno —le dije—, ¿qué hace tu esposa que tu aprecias de verdad?

—Pues . . . toda clase de cosas —me dijo.

—Bien, dime una.

—Pues, por ejemplo, es una cocinera fantástica.

—La próxima vez que te haga una comida buena —le dije—, dile lo mucho que se lo agradeces.

Me miró como si le hubiera pedido que asesinara a alguien. Entonces le dije: —Bueno, ¿crees que Dios tenga gracia suficiente para ayudarte? —Parecía que pensaba que sí—. Muy bien —le dije—: Vamos a ponernos de rodillas y orar pidiéndola.

Derramó su corazón: "Oh Dios, soy tan egocéntrico, que tú sabes que va a hacer falta un milagro para que yo haga esto. Pero como me parece que tú eres especialista en milagros, estoy confiando en ti".

Aquella noche, su mujercita se le presentó con una de las mejores comidas que hubiera preparado jamás: con candelabros y todo. Pero él no pudo disfrutar de ella. Cuando me lo contó después, me dijo: —Allí estaba sentado yo, agonizando, orando por tener fuerza para hablar. Después de la comida, me levanté, le di la vuelta a la mesa, agarré a mi esposa, y ella se puso más blanca que una sábana. Me imagino que pensaría que la iba a dejar inválida. La levanté y le dije: "¡Mujer, todo estuvo estupendo!"

Hace poco me llamó y me dijo: —Howie, esto es lo único real.

Le pregunté: —¿Y cómo lo sabes?

—Hombre, si Jesucristo puede tomar a un tipo egoísta como yo y enseñarle cómo amar a su esposa, esto tiene que ser lo único verdadero.

Y lo es. O . . . ¿lo es para usted? ¿Tiene el valor suficiente, o la humildad suficiente, para abrirse a este amor de Dios para con su compañera?

4.

LAS BUENAS FAMILIAS CUESTAN TRABAJO

Sócrates acostumbraba decir que le maravillaba cómo podía ser que los hombres que eran tan cuidadosos entrenando un potro, pudieran ser tan indiferentes a la educación de sus propios hijos. Ciertamente, la Palabra de Dios no favorece la actitud de indiferencia con respecto a los hijos.

"Herencia de Jehová son los hijos", leemos en el Salmo 127:3. En Proverbios 22:6 encontramos una promesa sorprendente: "Instruye al niño en su camino, y aun cuando fuere viejo no se apartará de él". Esa promesa nunca ha sido cancelada ni sobrepasada por ninguna verdad mayor. Como muchas de las promesas de Dios, se halla unida en forma inseparable a un mandamiento. Es responsabilidad de Dios cumplir su promesa, y es responsabilidad *nuestra* cumplir el mandato con la ayuda de su gracia.

En la línea de la verdad del Nuevo Testamento, "instruir a un niño" implica llevarlo hacia Cristo como su Salvador, de preferencia a una edad temprana. Esperar que el niño viva la vida cristiana sin tener esa vida, es burlarse de él. La vida cristiana no es difícil; es imposible si se está lejos de la orientación y el poder de Cristo. No es hasta que el Espíritu Santo no llegue a habitar en una persona, que ésta puede vivir en forma que agrade a Dios.

Ha sido mi privilegio a través de los años, conducir a centenares de personas a Jesucristo como su Salvador, pero no he tenido gozo más grande que el de llevar a dos de mis hijos a Cristo y ver a mi esposa conducir a los otros dos a una relación personal con El. Al contrario, no puedo pensar en nada más trágico que llegar al cielo y descubrir que, mientras centenares de personas llegaron a conocer a Cristo gracias a mi ministerio, mis propios cuatro hijos se hubiesen perdido debido a mi negligencia y despreocupación.

Hay una descripción bíblica de este proceso de instrucción al niño, que se puede ver en las palabras de Pablo a Timoteo, tal como las presenta en el Nuevo Testamento, (*Lo más importante es el AMOR*): "Pero tú sigue firme en lo que has aprendido. Ya sabes que lo que se te ha enseñado es la verdad, pues has podido comprobar la integridad de tus maestros. Además, desde la niñez conoces las Sagradas Escrituras, y éstas te dieron la sabiduría que se necesita para alcanzar la salvación mediante la fe en Cristo Jesús" (2 Timoteo 3:14,15).

Pablo le decía también: "¿Cómo he de olvidar la sinceridad de tu fe, fe que es comparable a la de tu madre Eunice y tu abuela Loida? Estoy seguro de que en nada has cambiado" (2 Timoteo 1:5). Aquí tenemos una ilustración de la genética espiritual. Una abuela piadosa comunicando su piedad a una hija, que a su vez la comunica a Timoteo. La madre encendió un fuego espiritual en los primeros años, tan moldeables, y el Espíritu de Dios inflamó después aquel fuego, cuando Timoteo entró en una relación salvadora con Cristo.

El verbo "instruir" aparece solamente otras tres veces en las Escrituras, y cada vez es traducido como "dedicar". Es el que fue usado en la dedicación del templo por Salomón, y en esta forma significa "apartar para propósitos espirituales".

Estimule el deseo de ellos

Esta instrucción está mejor explicada por la raíz del verbo hebreo. Este era usado para describir el proceso de la comadrona hebrea, la cual, después del nacimiento, metía un dedo entre dátiles machacados y aceite de oliva y frotaba con esa sustancia el paladar de la boca del niño recién nacido. El niño se sentía estimulado a mamar y alimentarse, y esto llegó a ser traducido como "crear un deseo".

¿Está usted haciendo que sus hijos se sientan hambrientos y sedientos de Jesucristo? Alguien dijo: "Deberíamos saber que podemos llevar un caballo al agua, pero no podemos hacerlo beber". ¡Es cierto, pero se le puede dar a comer sal! Eso es lo que quiero sugerir. Su vida necesita demostrar la realidad y la importancia diaria de la fe cristiana en tal manera, que sus hijos la deseen. Sólo si usted posee esa realidad, tiene algo significativo que decir. La generación presente está cansada de palabras; por lo que está gritando es por la realidad.

Conocimos en Dallas a una pareja encantadora hace varios años. El vendió su negocio con pérdida, entró en un trabajo cristiano vocacional, y las cosas se les pusieron bien difíciles. La familia tenía cuatro hijos. Una noche, en el culto familiar, Timmy, el niño más pequeño, dijo: —Papi, ¿crees que a Jesús le importaría si yo le pidera una camisa?

—Bueno . . . no, claro que no. Mamá, vamos a escribirlo en nuestro libro de peticiones.

De manera que ella escribió "camisa para Timmy", y añadió "talla siete". Puede estar seguro de que Timmy vigilaba que todos los días se orara por su camisa. Después de varias semanas, un sábado, la madre recibió una llamada telefónica de un vendedor de ropa del centro de Dallas, que era un hombre de negocios cristiano. —Acabo de terminar mi venta de liquidación de julio, y como sé que usted tiene cuatro niños, se me ocurrió que quizá podría usar algo de lo que nos quedó. ¿Aceptaría algunas camisas de niño?

Ella le dijo: —¿De qué talla?

—Talla siete.

—¿Cuántas tiene? —le preguntó emocionada.

El le dijo: —Doce.

Muchos de nosotros habríamos tomado las camisas, las hubiéramos metido en la gaveta del ropero, y hubiéramos hecho algún comentario casual con el niño. No fue así como hicieron estos dos padres sabios. Esa noche, como era de esperar, Timmy dijo: —Mami, no te olvides; tenemos que orar por la camisa.

Y mami le dijo: —No tenemos que orar ya por la camisa, Timmy.

—¿Por qué?

—Porque el Señor ha contestado tu oración.

—¿De verdad?

—Sí. —Y, tal como habían planeado anteriormente, su hermano Tommy salió y tomó una camisa, la trajo y la puso en la mesa. Timmy puso los ojos como platos. Entonces Tommy volvió a salir y trajo otra camisa. Así estuvo saliendo y entrando, hasta que tuvo apiladas las doce camisas sobre la mesa, y Timmy ya pensaba que Dios se estaba metiendo a comerciante de camisas. Pero, usted sabe, hoy en día hay un muchachito en Dallas, que se llama Timmy, y que cree que hay un Dios en el cielo, que se interesa en sus necesidades tanto como para proporcionarles camisas a los niños.

¿Saben eso sus hijos? Esta comunicación es algo fantástico. Dicho sea de paso, ése es uno de los peligros de vivir en una sociedad de abundancia. No se queje si sus ingresos no son los que a usted le gustaría que fuesen. Déle gracias a Dios, porque es posible que ésta sea la mejor bendición que haya recibido jamás su familia, especialmente sus hijos. He gastado mucho tiempo con personas muy pudientes, que estarían dispuestas a dar su brazo derecho para recuperar a sus hijos.

De manera que la instrucción de los hijos comienza por los padres. Y hacemos bien en mirar al primer mandamiento de Dios, tan preeminente: "Amarás a Jehová tu Dios de todo tu corazón, y de toda tu alma, y con todas tus fuerzas" (Deuteronomio 6:5).

¿Está usted enamorado del Señor viviente? ¿Lo ama más hoy que ayer? ¿Es hoy en día más sobresaliente en su vida que en los días posteriores a su nacimiento del Espíritu Santo en el seno de la familia de Dios?

Cada día que me levanto, tengo que volver a enamorarme nuevamente de Jesucristo. Tengo que cultivar esta relación, exactamente como tengo que cultivar mi relación con mi esposa. Esto no sucede por accidente. Y a menos que tenga este amor en mi corazón, no lo tendré en mi hogar. Esto es lo que Moisés le enseñó a Israel.

"Estas palabras que yo te mando hoy, estarán sobre *tu corazón*; y las repetirás a tus hijos" (Deuteronomio 6:6,7). Primeramente en *mi* corazón, y después en el de mis hijos. Y Moisés habló de *repetírselas:* esto quiere decir poner todo lo que somos en la tarea.

Después de visitar un hogar donde el amor mutuo de la familia era algo profundamente refrescante, un amigo mío y yo caminábamos hacia mi auto, cuando él me dijo: —Algunas personas tienen los hijos más maravillosos; algunos los tienen, y otros no.

En ese momento vi un césped cuidadosamente recortado, y le respondí: —Algunas personas tienen un césped preciosísimo, incluso en agosto.

Me miró, y me dijo lentamente: —Si alguien tiene en Texas un césped hermoso en el mes de agosto, tiene que haberlo trabajado.

Sí, el buen césped y las buenas familias requieren *trabajo.*

5.

LA COMPRENSION MUTUA

Los hogares se están dividiendo, porque sus miembros lo están también; esto es: cada uno se mueve en su órbita separada, y el hogar se convierte en la estación de servicio en la que vemos la gasolina y el motor, para llenar el tanque y hacer las reparaciones, pero no pasamos mucho tiempo en ellas. Somos como barcos que se encuentran en la noche, y hay muy poca vida que fluya de uno a otro miembro de la familia.

En mi labor de consejero matrimonial y familiar, he encontrado algunos casos muy interesantes. Hace algún tiempo, un muchacho fue apresado por un carro patrullero de la policía, y lo primero que le dijo al funcionario fue: —No se lo van a decir a mi viejo, ¿verdad que no?

El le contestó: —Me gustaría oír por qué no quieres que lo sepa tu padre.

—Se lo diré —le respondió—. No tiene interés en mí; está demasiado ocupado.

Cuando el policía llamó al padre para hablarle de su hijo, la iracunda respuesta que oyó fue: —¿Para qué se le ocurre llamarme?

Me pasaron el caso a mí, y tuve el privilegio de llevar al padre a Jesucristo. Se convirtió en una persona diferente, y comenzó a preocuparse por los problemas de su familia.

Un día llegó a mi oficina y me dijo: —Bueno, ¿ahora qué hago? Quiero volverlo a tener todo en orden.

—Amigo, le va a llevar tiempo —le advertí—. No se puede estar diezmando los puentes durante quince años, para después reconstruirlos de un día para otro. ¿Qué le gusta hacer a su hijo?

Tuvo que pensarlo un buen rato, pero finalmente me respondió: —Le gusta ir a pescar.

Le dije: —Muy bien, ¿por qué no hace planes para irse de pesca con él?

Se fue a casa, y en la forma típica de los adultos, le anunció: —Hijo, la semana que viene nos vamos de pesca.

El muchacho lo miró de frente y le dijo: —Tú te vas de pesca, que yo ya tengo algunas cosas planeadas.

El padre estalló. Perdió la compostura delante del muchacho en una forma que realmente no podía permitirse, y el hijo le respondió con mucha calma: —Hace varios años yo quería ir a pescar, y tú estabas demasiado ocupado. Ahora eres tú el que quiere ir a pescar, y yo el que está muy ocupado. ¿Qué te pasa?

El padre regresó a mi oficina como un perrito maltratado, para ver qué podría hacer. Se encontraba tan deprimido, que comenzó a darse cuenta de que debía confiarle a Dios lo que él no podía hacer por sí mismo. Pudo ver que lo que su familia necesitaba en realidad era una *comprensión* mutua, y no simplemente llegar a hablarse.

A veces me encuentro con familias en las que las comunicaciones están tan congeladas, que los hago entrar a todos en mi oficina y comenzamos una conversación. Sólo permito que hable una persona a la vez, y después de que uno se ha expresado, le pido a otro: "Ahora dime qué fue lo que le oíste decir". Y seguimos en el mismo tema hasta que todos los miembros del grupo pueden repetir, a satisfacción del que habló, qué fue lo que él dijo. Es laborioso, y consume mucho tiempo, pero es asombroso cómo por primera vez comienzan a oír lo que la persona está diciendo de verdad. Entonces es cuando tienen la posibilidad de comunicarse.

Algunos padres involucran completamente a sus hijos en el trabajo paterno. En el hogar de un ejecutivo de Chicago en que me hallaba en una comunión maravillosa con toda la familia, vi en la cocina las paredes repletas de anuncios de la compañía de la que él era ejecutivo, y les dije:

—Vaya, sí que tienen un programa de promoción aquí.

—No —me contesto él—, ése es mi ministerio. Oramos por eso en familia.

Eso es bien diferente de la familia que habla de la industria o de la oficina, o de lo que sea, como del "monstruo" que se supone que esté arruinando su vida.

6.

DISFRUTEN JUNTOS DE LA VIDA

En Deuteronomio 6:7 hay dos términos clave que dejan ver la naturaleza de la educación paterna. Uno es *repetir* (esto es algo formal y estructurado). El otro es *hablar* (esto es informal, según las situaciones). Un buen padre o una buena madre usan ambos tipos de instrucción, ya que se dan cuenta de que los tiempos informales que se pasan juntos son en realidad situaciones de aprendizaje, para bien o para mal.

¿Se toma usted el tiempo y el esfuerzo para que en su hogar haya diversión? ¿Disfrutan sus hijos en su hogar? Para mí, el representante más pobre de Jesucristo es el creyente que no sabe qué es disfrutar de la vida. Muchos son tan hoscos, que parece como si estuvieran en el camino del infierno, en lugar de estar en el del cielo. ¡La única gente del mundo que se halla hoy en una posición que le permite reír y regocijarse, son los que están seguros en Jesucristo!

Puedo recordar que en los primeros días de nuestra recreación familiar, comenzamos a salir con una tienda de campaña. Mi esposa no era exactamente el tipo de mujer al que le gustan las tiendas, pero es asombroso ver las cosas a las que se acostumbre uno. Ahora que mis hijos están bien crecidos, es interesante preguntarles qué es lo que más recuerdan. Los dos muchachos recuerdan cuando una vez ellos y yo nos quedamos en una tienda del tamaño más pequeño: hablando de estar juntos, ¡y sí que estábamos bien apretados de pared a pared!

Antes de irnos a acostar aquella noche, miré al oeste y les dije: —¡Eh, compañeros! Mejor que hagan esas zanjas de alrededor de la tienda más hondas; parece que vamos a tener un poco de lluvia.

Bueno, tuvimos veintitrés centímetros de lluvia en cuatro horas. Y terminamos tres kilómetros arroyo abajo secándonos en un refugio y hablando del Señor y de su mano protectora. De vuelta en Dallas, supimos más tarde que trece personas habían muerto esa noche a consecuencia de la tormenta. ¿Sabe? esa lección sobre la protección de Dios no fue el sermón número 293 de mi archivo: fue algo de la vida real, ¡y lo captaron perfectamente!

Uno de los tiempos de diversión más fantásticos de nuestro hogar, ha sido el "Teatro de talentos Hendricks", de los viernes por la noche. Acostumbrábamos a poner ropas viejas y trastos en un saco, y sacarlos arrastrando para usarlos en un drama que no había sido ensayado. La televisión resultaba aburrida al lado de nuestra producción. Yo salía de aquellos momentos con dolor en las costillas de tanto reírme. ¿Ha examinado alguna vez la atmósfera de su hogar, para preguntarse lo atractiva que es? A lo mejor dirá: "Qué bueno que me lo preguntó; acabamos de decorarla. Hombre, si hasta tenemos alfombra de pared a pared y cortinas que hacen juego".

No, no le pregunté eso: esas cosas son sus hojarascas. Le pregunté que cuán atractivo es su hogar. Muchos de los hogares cristianos en los que tengo que entrar hoy en día, francamente me causan repulsión. Están cubiertos por completo con el legalismo. Hay lo que yo llamo una neblina sofocante de moralismo, y cada vez que el niño se mueve, lo clavamos al piso. Cada vez que da una vuelta, le estamos embutiendo alguna cosa por la garganta: "Bien, vamos a reunirnos; ahora vamos a tener el estudio bíblico". No hace mucho tiempo, una estimada señora explotó en medio del culto familiar. Les gritó a los niños: "Cállense: ¡Tienen que oír lo que Dios les quiere decir!" Algunos de nosotros decimos "cállate" tantas veces, que ya nuestros hijos se parecen al niño que a los ocho años vino a descubir que su nombre no era

"¡Cállate!" ¿Qué tal es vivir con usted?

Tuvimos en el seminario dos estudiantes que procedían de un hogar de California que ha enviado a todos sus hijos a la obra del Señor. Hace algún tiempo, me encontraba yo con uno de ellos y le pregunté: —¿Qué es lo que más recuerdas de tu padre?

Pensó un minuto, y me dijo: —Hay dos cosas que me vienen a la mente, y hacen un fuerte contraste. La primera es que cuando me levantaba temprano por la mañana para repartir periódicos, veía a mi padre de rodillas orando. Esto me causaba una impresión profunda. ¡La segunda cosa es haberlo visto rodando por el suelo mientras reía con nosotros!" Qué combinación: ¡en el suelo en oración, y en el suelo a carcajadas! Dicho sea de paso, ¿por qué particularidad lo van a recordar a usted sus hijos?

Viva honradamente delante de sus hijos

La atmósfera del hogar inculca la verdad cristiana con más efectividad que las palabras que hablemos. Por ejemplo, la actitud de sinceridad es algo que se capta más de lo que se aprende por enseñarla. Un estudiante me preguntó hace algún tiempo, cuál creía yo que era el rasgo más importante que querría asegurar que llegaran a tener mis hijos. Le dije que lo tendría que pensar un poco, y llegué a la conclusión de que si tuviera que escoger sólo una característica para mis hijos, sería la sinceridad. Quiero que mis hijos sean sinceros con Dios, con los demás y con ellos mismos. Y me di cuenta de que la manera mejor para comunicar la sinceridad, es por medio del ejemplo.

El teléfono suena. Es para Tom. María, su esposa, que contesta, le pregunta a Tom mientras cubre con firmeza el auricular: —Tom, ¿estás aquí?

Tom contesta con una mentira: —¡No, no estoy!

Ahora ya puede hablarle a su hijo todo lo que quiera sobre la sinceridad, pero lo que le está enseñando, es a ser un mentiroso de primera clase.

Veo que los jóvenes de los hogares cristianos se están rebelando más que nada por las farsas y la falta de veracidad, y no por tener padres que no sean perfectos. Por causa de tanta insinceridad, he descubiero que el padre o la madre que tiene la honradez suficiente para admitir: "Compañero, fallé; perdóname", ni causa impresión en los hijos ahora.

Supongamos que yo tuviera que decirle que vendo la mejor loción restauradora de cabello que existe: está garantizada. Usted le echa un segundo vistazo a mi cabeza calva, y se pone histérico de risa. ¿Le echaría la culpa? Sin embargo, esto es lo que está sucediendo en muchos hogares cristianos. Los padres están tratando de enseñar veracidad y amor a Dios, cuando ellos no los poseen. Si la realidad de Jesucristo no le envuelve a usted, no es posible que usted la comparta con sus hijos. A veces pienso que podríamos comunicar mejor a Cristo a nuestros hijos si fuéramos ciegos y sordos, porque entonces nos daríamos cuenta de lo mucho que necesitamos que Jesucristo nos ayude.

También con esto tengo problemas. Puedo comprender que necesito el control del Espíritu Santo para dirigirme a una multitud, o para testificar, o para enseñar una clase bíblica. Pero . . . ¿a quién le hace falta el control del Espíritu Santo para jugar con los niños? Pablo dice: "Todo lo que hacéis, sea de palabra o de hecho, hacedlo todo en el nombre del Señor Jesús" (Colosenses 3:17). Sólo hay una forma en que podamos hacer eso, y es bajo el control del Espíritu.

Cuando me tocó el privilegio de hablarles a 8.000 personas en una convención de Escuelas Dominicales en California, mis estudiantes me dijeron que estarían orando por mí. Lo sentí, y los buenos resultados procedían con toda seguridad de Dios. Luego, tomé un avión de regreso a Dallas. Después que mi esposa me dio la bienvenida, me hizo volver a la realidad al decirme: —Cariño, te tengo malas noticias. La alcantarilla está rota.

—¿Llamaste al técnico? —le pregunté.

—Cuatro veces. Me dijo que está hundida.

—Bueno, arreglémosla.

—Me dijo que nos costaría $425 cavar una zanja hasta el callejón.

—¡Yo no pago $425! La voy a cavar yo mismo —le dije.

De manera que enrolé a mi hijo, al que le encanta estar en buenas condiciones físicas, y pusimos manos a la obra. Si alguna vez se le ha ocurrido cavar en el suelo pegajoso de Texas, ya sabrá que parece concreto. Avanzamos seis u ocho pies ¡para descubrir que la tubería seguía hacia abajo! Cavamos nuevamente, y por fin encontramos la rotura: era cierto, había un derrumbe. Allí estábamos en la brecha meditando, cuando de pronto, ¡alguien tuvo la ocurrencia de descargar el inodoro!

¿Estaba conmigo el Espíritu Santo en aquella brecha llena de agua sucia, como lo había estado cuando les hablaba a 8.000 personas sobre la realidad de Cristo? Si no lo estaba, no me queda mucho de que hablar. Si el Espíritu Santo no controla su carácter en la oficina, o su lengua cuando anda cerca de gente inconversa, entonces no deberíamos hablar sobre la llenura del Espíritu. El tiene que trabajar en las cosas menudas y diarias de la vida, o de lo contrario, no estará trabajando dentro de nosotros.

Algunas de las pruebas más duras me vienen en mi hogar, después de que Dios me ha usado en un ministerio público con otras personas. Y mientras más trate una persona de vivir definitivamente para Jesucristo, más comprenderá lo que es la realidad, porque se enfrentará con los problemas básicos y hallará que no los puede solucionar, si no es con el poder de Jesús.

"El Señor castiga al que ama". ¿Está Dios disciplinándolo a usted? El lo ama, y lo ha salvado para que pueda ser hecho semejante a la imagen de su Hijo. Recordemos que hasta Jesús aprendió obediencia por medio de las cosas que sufrió. Sus hijos tienen gran necesidad de modelos adecuados; ¿podría usted decir que es uno de ellos? Tampoco lo soy yo; por eso es por lo que el Señor está obrando en nosotros.

7.

EXPRESELES SU AMOR A SUS HIJOS

Otra cosa en la que podemos trabajar nosotros los padres, es en expresarnos nuestro mutuo amor. Espero que ustedes no se sientan avergonzados de expresarse su amor en frente de sus hijos. Lo mejor que un padre puede hacer por su hijo, es amar a la madre de ese hijo; lo mejor que una madre puede hacer por su hija, es amar al padre de ella. En este contexto, los hijos aprenden a dar y recibir amor los unos a los otros. Y nunca se desarrollará nadie pervertido en esta clase de ambiente.

Quizá le estremezca cada vez que sus hijos peleen. Mi consejo, como árbitro veterano es: no sufra por ello. Nuestras dos hijas y nuestros dos hijos tuvieron algunas escaramuzas de golpes y revolcones: la repetición de la Guerra Civil. Ahora unos son adolescentes, y otros, jóvenes de más de veinte años, y cuidado con el que se atreva a ponerle mala cara a mi hija cuando anda cerca su hermano. Son tan unidos, que lloran cada vez que se encuentran y se saludan en un aeropuerto, sin importarles en absoluto lo que los demás piensen de su afecto.

¿Cómo se desarrolla el amor? Toma cierto tiempo, y llega como producto de un patrón de conducta. Podemos hacer muchas cosas para animarlos a expresarse amor.

Los cumpleaños han sido siempre algo significativo en nuestro hogar. Recuerdo cuando mis hijas estaban aprendiendo a cocinar, y la más joven decidió que iba a hacer rosquillas para el cumpleaños de Bob. Le salieron duras como piedras; cada vez que uno se tragaba un pedazo, se lo oía caer en el estómago. Pero Bob se comió hasta la última rosquilla, abrazó a su hermana, y le dijo: —Vaya, qué buena cocinera eres, Bev.

Hace poco tuve una experiencia emocionante en un lugar inesperado. Estaba en un hogar opulento, probablemente de los de la clase de los $500.000. Es propiedad de un hombre que me dijo: —Terminé en lo alto de mi campo, pero al fondo de mi vida.

Entonces, encontró a Jesucristo como su Salvador, y él y su esposa comenzaron a estudiar la Palabra, para descubrir cómo quería el Señor que educaran a sus hijos.

Entré en su primorosa sala de estar, y por poco

me pierdo en medio de la alfombra; me sentía como si fuera a tener un caso serio de salpullido de visón en aquel mismo lugar. Los decoradores de interiores nos han convencido de que las salas de estar deben tener un centro de interés, pero exactamente en el centro de aquella preciosa sala, había un jarro de mantequilla de cacahuete lleno de agua y con unas margaritas marchitas. Pregunté, y la señora me dijo que su hijo las había recogido para ella cuando venía de la escuela. Entonces le dije: —Me imagino que significan mucho para usted.

Ella parecía resplandecer cuando me dijo: —Es la cosa más maravillosa que hay en esta sala.

Mi esposa me enseñó que una relación es mucho más importante que un hogar limpio. Podemos tener un esquema de "*Mejores Hogares y Jardines*", y una vida familiar "*Loca*". (Se refiere a dos revistas norteamericanas editadas en inglés, *Better Homes and Gardens*, y *Mad*). Se puede limpiar el piso rápidamente después de que unos piececitos lo hayan enlodado, pero las relaciones rotas no se restauran con tanta facilidad.

Ocasionalmente, he tenido la obligación de entrar en algún hogar distinguido de Dallas para decirles a los padres que la corte ha decidido quitarles su hijo en forma permanente. Cuando estas personas no tienen recursos internos, se derrumban inmediatamente. Tuvimos en custodia a un muchacho que manejaba un auto deportivo de la marca más cara de los Estados Unidos, y recibía una mensualidad de $475. Tenía prácticamente todo, menos unos padres que le dieran de sí mismos. Las cosas que uno compra, nunca lo sustituyen; no hay sustituto posible para una relación personal y amorosa en el seno de la familia.

¿Sabe lo que tengo que hacer? La gente me llama por teléfono: —Profe, ¿quisiera venir a predicarnos?

—No, lo siento muchísimo. No voy.

—¿No viene? ¿Por qué?

Bueno, he aprendido a decir: "Ya tengo un compromiso", lo cual, traducido, quiere decir: "Me voy a quedar en casa".

Hace algunos años, tenía la costumbre de ser un poco más directo. Si alguien me llamaba y me pedía que hablara cierta noche, le decía: —No, lo siento mucho. No puedo ir esa noche. Me voy a quedar en casa para jugar con mis hijos.

—¿Qué dice?

—Que me voy a quedar en casa para jugar con mis hijos.

—¿Quiere usted decir que no vendrá a predicarnos?

—Sí, efectivamente: no voy a predicarles.

Habrá quien diga: "Así es como comienza el liberalismo en el seminario". Y si le hago caso a este tipo de tonterías, podría perder a toda mi familia en el proceso. No debemos permitir que nadie controle nuestra vida, excepto el Espíritu de

Dios, y no hay conflictos entre el deber y la experiencia cristiana. Su vocación de padre o madre no está en conflicto con su vocación de creyente. Si lo está, ¡usted debería haber permanecido célibe!

No sé por qué me recordarán mis hijos. Tengo la esperanza de que me puedan recordar como un padre que los amó y disfrutó de ellos. Creo que el reto mayor que enfrentamos los padres cristianos de hoy, es el de ser consecuentes con nuestra fe, de forma que podamos comunicársela a nuestros hijos. Nuestros hogares deberían ser laboratorios dedicados a instruir a nuestros hijos, tanto formal como informalmente. Los hogares deberían ser lugares de entrenamiento donde nuestros hijos desarrollen patrones de conducta al servicio de Jesucristo. Y entonces, ellos evitarán la tragedia que describe Jueces 2:10: se levantó una generación que no conocía al Señor.

Eddy

416 2768361

Printed in U.S.A.